Vorwort

Löwenzahn gibt es so oft, daß wir geringschätzig nur in der Einzahl von ihm sprechen. Wir zählen ihn nicht einzeln, Blüte um Blüte. Dabei wäre eine jede für sich genommen durchaus schön. Doch er taugt nicht zum Strauß. Er verschmiert unsre Hand und macht Flecken auf die Kleider.
Wo wir auch hinkommen, Löwenzahn ist schon vor uns da, am Strand, im Hochgebirge oder auf Lavaschutt. Dreist wächst er, wo er nicht soll. Er verdrängt andere Pflanzen. Er stört. Wo wir ihn dulden, schätzen wir ihn noch lange nicht. Er zeigt dem Bauern, daß seine Wiese überdüngt ist, wenn sie golden glänzt. Das Unkraut ärgert den Kleingärtner, schon wenn es geflogen kommt.
Nur Kinder lieben die Pusteblume – eine Weile lang, bevor sie den leergeblasenen Stengel achtlos wegwerfen.
Pflanzenkenner schätzen Löwenzahn schon seit dem 16. Jahrhundert als Hausmittel gegen Verstopfung, Galle-, Leber- und Nierenleiden, als Abführmittel und Blutreiniger.
Manche Mütter lassen ihre Kinder im Mai an seinen Blüten riechen, damit die Kleinen, wenn es stimmt, was der Volksmund behauptet, im nächsten Jahr nicht mehr ins Bett machen. Sie nennen Löwenzahn „Bettseicher“, „pissenlit“ oder „pee-a-bed“. Die Pflanze soll älteren Rezepten zufolge gegen Ohnmachten helfen und das Fieber des Herzens mildern. Engländer brauen aus den Blüten Wein. Portugiesen und Italiener essen seine jungen Blätter als Salat. Und wir?
Könnten wir einmal von uns absehen und ihn selber genauer betrachten, würden wir staunen, wie diese Pflanze mit den widrigsten Lebensbedingungen fertig wird. Sie paßt sich an, giert nach Licht und Wasser, macht sich unverschämt breit, bohrt sich tief in den Boden oder schießt in die Höhe, und wenn es nötig wird, wächst sie sparsam. Sie kann auch haushalten.
Löwenzahn steckt voll Spannung zwischen hauchzart-flüchtig und robust-erdig. Er spottet unserer Mühe und unseren Zwecken gerade dort, wo wir ihn nicht brauchen und ihm keinen Raum zum Leben übrig lassen. Löwenzahn läßt hoffen. Er wächst im Widerspruch. Auch darum mag ich ihn.

Du wächst mir ans Herz

Die warme Sonne hatte mich ins Freie gelockt, wo Bäume blühten und Wiesen schon kräftig grünten. Ich freute mich an jeder neuen Farbe, die das Frühjahr brachte. Wie jetzt das Tal in warmem Gelb leuchtete! Blüte stand da an Blüte in einer Fülle, die ich kaum übersehen konnte. Je weiter mein Blick in die Ferne ging, desto lückenloser verschwamm alles in Gold.

Ich stehe am Rand der Wiese und staune, wie ihr Grün von heute auf morgen in Gelb umschlagen konnte. Ich gehe ein paar Schritte weiter und merke, da ist ja nichts als Löwenzahn.

Schon wende ich mich zum Gehen, da bist du wieder vor mir. Du blühst mitten auf meinem Weg. Fast hätte ich dich in den Schotter getreten. Wie kannst du hier nur gedeihen, wo alles Leben niedergewalzt wird? Unwillkürlich trete ich zur Seite. Ich spüre fast Mitleid mit dir, denn du bist in Gefahr. Und auf einmal wird mir bewußt, du bist mir ans Herz gewachsen.

Was man liebt, schaut man mit anderen Augen an.
Im Schotter treibst du aus vielen Blättern einen kräftigen Schaft mit feinen weißen Härchen, der eine schwere Blütenlast trägt. Aus deinem Fruchtkorb streckst du eine Fülle goldener Blütenblätter, jedes mit einem noch viel feineren, oben gespaltenen und eingerollten Griffel. Welch ein Gegensatz zwischen dem robusten Stengel und dem Filigran deiner Krone! Wo nimmst du den Mut her, dich hier anzusiedeln, und woher die Kraft, im kargen Gestein zu leben?

Wie deine Sonne strahlt! Aus geheimnisvoller Mitte sprüht eine Fülle kleiner Blüten und züngelt über den Schatten am Grunde.
Dein Feuer springt auf mich über. Deine Lebensfreude steckt mich an.
Du wirst mir zum Zeichen für das Leben.
Wie ich mich deiner hellen Sonne erfreue, wird es licht in mir.

Wer beachtet schon Löwenzahn in dieser Frühlingswiese? Wer hat schon ein Auge für ein solch gewöhnliches Kraut, wenn daneben edle Narzissen blühen? Ihr strahlendes Weiß fängt jeden Blick, Löwenzahn aber bleibt im Schatten der Schönen.
Wer würdigt einen einfachen Menschen eines Blickes, wenn neben ihm ein Star auftritt? Die Kleinen stehen immer im Schatten der Großen. Darum träume ich davon, Narzisse zu sein und nicht länger Löwenzahn.
Ich sehe, wie hoch sie sich über alle anderen erhebt. Wie makellos ihr Weiß scheint! Golden faßt ein feiner Ring ihr dunkles Auge ein. Ich bewundere ihre Prominenz und neide ihr die Gunst ihrer Gäste. Warum gebe ich eigentlich dem Auffallenden den Vorzug vor dem Unscheinbaren, dem Hervorragenden vor dem Geringen?
Narzissen gedeihen nur in sauren Wiesen. Löwenzahn aber findet nicht nur dort sein Auskommen, wo jene bleiben müssen. Er kann auch im Riß einer Mauer aufgehen. Im Schotter verdurstet er nicht. Im zugepflasterten Hof findet er noch Nahrung. Wäre es da nicht besser, ich bliebe, der ich bin?

Du gedeihst auf Hoffnung

Der Löwenzahn hat seine goldgelbe Blüte geschlossen. Seine Blütenblätter welken zu einem braunen Hütchen, das, schließlich nutzlos geworden, abfällt. Jetzt ist er erst recht ein Kraut wie viele andere. Niemand merkt, wie er in aller Heimlichkeit entwickelt, was in ihm steckt. Nur liebende Augen sehen, was hier heranwächst.
Da müht sich ein Student semesterlang in der Masse der Studierenden. Wird er für seinen Beruf taugen? Er muß lange warten, bis sich herausstellt, ob er sich eignet. Wäre er nicht zuversichtlich, trüge er nicht Hoffnung in sich, müßte er aufgeben.
Ein Künstler entwirft unbeachtet eine Skizze nach der anderen. Er vertraut darauf, daß ihm eines Tages der große Wurf gelingt. Nur so kann er durchhalten. Sie alle machen es wie der Löwenzahn, der sich zeitweise in der Wiese versteckt. Im Verborgenen wachsen seine Früchte heran. Schon schimmert ein silberner Rand über seine grünen Hüllblätter hinaus.

Jetzt ist deine zweite große Zeit gekommen. Strahlend öffnet sich deine silberne Sonne. Ich staune, wie kunstvoll du gebaut bist. Deine zarten gelblichen Schnäbel tragen noch zartere Propeller, jeder selbst wieder ein kleiner Stern. Wer freute sich nicht mit einem jungen Menschen, der sich gemausert hat oder jemandem, der nach großen Mühen zum Erfolg kam?
Wenn ein unscheinbares Kraut rund und schön wird, sehe ich es gern von unten an. Dazu muß ich meine hohe Warte aufgeben.

Wenn dich am nächsten Morgen die Sonne findet, bist du geschmückt wie eine Königin. Tau der Nacht glänzt auf dir wie kostbare Perlen in einer Krone. Kann eine Narzisse schöner sein?
Wer sonnte sich nicht gerne in seinem Glanz? Und wer verharrte nicht bei seinem Erfolg?
Der Löwenzahn aber bleibt sich treu. Er ist mit dem, was er schuf, noch nicht am Ziel. So wird ihm unversehens früher Tau zur Last und verdirbt ihm die Flügel, die ihn davontragen sollen.

In der Abendsonne treffe ich dich wieder. Du bist deinem Ziel näher gekommen. Viele Samen sind schon auf der Reise.

Deine Freigebigkeit überrascht uns Eltern. Wie gerne hielten wir unsere Kinder länger bei uns, wenn sie groß geworden sind! Wie oft binden wir sie an und erziehen sie nicht dafür, daß sie einmal weggehen können! Wer vergißt so leicht die Mühen des bisherigen Weges und wer lebt schon gern in einem leeren Haus? Der Löwenzahn aber wartet auf den Wind. Er will alle seine Früchte entlassen. Er hat sie wohl vorbereitet zum Flug und findet seine Erfüllung darin, daß sie ziehen.

Da sehe ich im Gras ein paar Früchtchen. Sie ließen sich aufhalten, während die anderen weiterflogen. Sind sie am Ende ihrer Reise, müde geworden oder gar nicht weit gekommen? Eine Sekunde nur ruhen sie alle, vom Zufall zusammengetragen.

Was läßt sich über ein Leben sagen, wenn ich nur eine Sekunde herausgreife? Wie schwer wiegt sie? Was kann sich alles in ihr entscheiden, Ende oder neuer Anfang, Niedergang oder Höhenflug zu anderen Zielen?

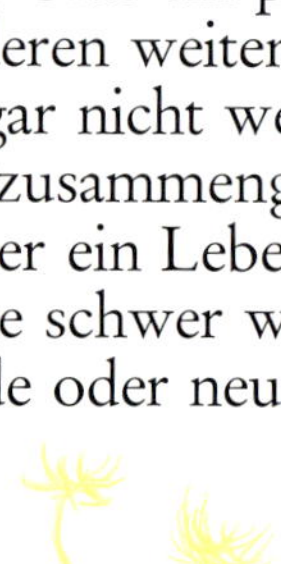

Wie sieht es inzwischen zu Hause aus?
Der Stiel, der die Früchte hervorgebracht hatte, ist nun welk. Er hat ausgedient. Ein anderer steht schon fast kahl da. Ein dritter aber hat eben erst zu Ende geblüht.
Drei Stufen des Lebens an einem Stock.
Ist es nicht bei uns ähnlich? In einer Familie hoffen alte Menschen, daß ihnen ihre großen Kinder helfen. Wie diese selbst getragen und aufgezogen wurden, als sie klein waren, so könnten sie nun den schwach Gewordenen beistehen. In jeder Gesellschaft bleiben Menschen aufeinander angewiesen, auch wenn sie einander nicht kennen. Sie sind miteinander verbunden, ohne es zu wissen. Das Leben flicht Beziehungen. Es stellt jedes einzelne Glied in einen größeren Zusammenhang. Keines lebt allein und für sich. Jedes greift über sich hinaus.

Heute ist Lichterfest auf der Wiese.
Viele Fruchtkörbe haben sich gleichzeitig geöffnet und ihre weißen Laternen aufgesetzt. Sogar die Schäfte werden licht, und selbst kahle Fruchtstände leuchten noch einmal mit, wenn die Sonne einlädt. Wie verzaubert steht die Zeit still.
Warum feiern wir Feste?
Wir greifen einen wichtigen Punkt im Leben heraus und freuen uns, daß er gekommen ist. Wir laden ein und finden uns zusammen, wenn jemand vor einem neuen Lebensabschnitt steht. Niemand weiß, was er bringt. Wenn unsere Gedanken vorauseilen und sich ausmalen, was dem geliebten Menschen alles zustoßen könnte, erfüllt uns Sorge. Blicken wir zurück auf das Erreichte, kommt die Festfreude wieder. Wir sind beieinander. Jeder trägt zum Gelingen bei. Man spricht dem anderen Mut zu, daß alles gut gehen möge, und dankt für erfahrene Liebe. Sie ist es, die das Fest entzündet. Da rücken Abschied und Anfang zusammen. Die Herzen schlagen höher. Freude hebt die Feiernden über Wehmut und Angst hinaus und will um sich greifen.
Wenn es am schönsten ist, muß man aufhören.
Wenn der Wind in die Versammlung fährt, verrauscht das Fest.
Die Hoffnung bleibt.

Du lebst aus der Tiefe

Auf der Wiese ist Alltag eingekehrt. Der Löwenzahn hat seinen Dienst getan, hat Blüte und Frucht gebracht. Jetzt krümmen sich die leeren Stengel zur Erde nieder. Der Regen, der den Boden fruchtbar machen will, hat eine Pause eingelegt. Ein paar Tropfen hängen in den Bögen der alten Stiele. Wie viele Menschen werden auch heute noch von schwerer Arbeit gebeugt? Wie oft macht uns die Anspannung des Berufes müde? Dann gilt es, Atem zu holen, dann muß eine Pause sein, ehe wir von neuem anpacken und weitermachen können. Der Löwenzahn zieht sich am Ende einer Wachstumsperiode in die Erde zurück, er besinnt sich auf seine Wurzel, bevor er neu aktiv werden kann.

Nun kann der Winter kommen. Die Arbeit des Jahres ist getan. Die alten Blätter sind abgestorben, und die nachgewachsenen verfärben sich in der Kälte. Sie sind vom Frost gezeichnet. Ist dies das Ende der Pflanze?
Scheiden wir aus dem Berufsleben aus oder zwingt uns Krankheit, die Arbeit aufzugeben, verlassen mündig gewordene Kinder Haus und Eltern, dann fragen wir uns, wozu wir noch nütze sind. Auf einmal kommt uns dann das Leben so leer vor, und es muß sich zeigen, ob wir damit an unser eigenes Ende gekommen sind. Oder wurzelt unser Leben in tieferem Grund, mächtig genug, die Krise zu überstehen, ein verändertes Leben anzunehmen und neue Aufgaben zu erkennen?
Die Wurzeln des Löwenzahns haben sich tief in den Boden gegraben. So kann die Pflanze auch Winterskälte überstehen. Droben mag der Frost die Blätter mitnehmen, wie er will. Er mag sie beißen oder zieren, Löwenzahn wird es überstehen.

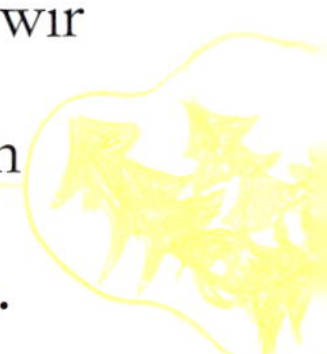

Der Frühling hat noch nicht richtig begonnen, die Sonne gerade den Schnee vertrieben, da zeigt der Löwenzahn schon wieder seine ersten Blätter. Noch fehlt ihnen jedes Grün, so schnell streben sie zum Licht. Eine unsichtbare Kraft treibt sie empor. Sie leben noch ganz aus der Wurzel.

Solange unsere Kinder klein sind, übernehmen sie sich leicht in ihrem Tun. Alles müssen sie ausprobiert haben. Sie müssen spielen und dabei lernen, wollen sie die Welt entdecken, in die sie geboren sind. Weder Ängste noch Erfahrungen der Erwachsenen können ihnen dabei entscheidend helfen. Schießen sie aber in die Höhe, bewegen sie sich eine Zeitlang ohne Harmonie in ihren Gliedern, und ihr Tun bleibt sprunghaft und oft unausgewogen.

Auch die jungen Blattspitzen des Löwenzahns wirken seltsam unbeholfen, wie sie dem Licht und dem Sommer sich entgegenkrümmen. Wen wundert das schon? Wie könnte seiner sicher sein, wer noch auf der Suche ist. Nur wer auch wagt, zu scheitern und zu irren, findet sich.

Am schattigen Ort sind einige Löwenzähne nebeneinander aufgegangen. Humus und Feuchtigkeit haben sie im Überfluß gefunden, aber es fehlt an Licht. Auf der Suche danach machen sich die Blätter lang. Doch das kann nicht unbegrenzt geschehen, dann muß sich die Pflanze mit den Gegebenheiten abfinden.
Wie verhalten wir uns in ähnlicher Lage? Werden wir rücksichtslos, wenn wir Mangel leiden, oder lernen wir gerade dann zu teilen? Unsere Geschichte gibt uns für beide Möglichkeiten Beispiele: Im Kampf um das Dasein können sich Menschen totschlagen. Doch es finden sich auch unsäglich Arme, die gerade in ihrer Armut empfindsam für die Bedürfnisse der Mitmenschen geworden sind, weil sie am eigenen Leibe erfahren haben, wie Hunger schmerzt, Durst quält, Arbeitslosigkeit belastet und wie reich es machen kann, auch dann noch zu teilen, wenn man selbst kaum mehr das eigene Auskommen hat. Wer also teilt mit den Bedürftigen, der Reiche oder eher der Arme?
Der Löwenzahn muß leben, wo seine Wurzel gründet. Ihm muß genügen, was er dort findet, und er muß das auch noch mit anderen teilen.

Du reifst im Widerspruch

Löwenzahn war in das Klärbecken eines Ockerbruches geraten. Der breiige Schlamm verstopfte den Pflanzen dort die Poren und nahm ihnen damit die Luft. Löwenzahn aber hat auf wunderbare Weise überleben können und hält nun dem alles beherrschenden Einerlei triumphierend und unverschämt frech seine eigene Farbe entgegen.

Wer in einer Gruppe den Ton angibt, zwingt andere in seine Macht. Da gilt es dann, sich anzupassen, mitzumachen, nicht aus der Reihe zu tanzen. Man will ja nicht als Außenseiter gelten, man will nicht seine Position in der Gruppe, seinen Posten in der Firma verlieren und seine Karriere verderben. Und so gut wie die anderen will man schließlich auch dastehen. Man will angezogen und ausgestattet sein wie sie und in nichts geringer geachtet. Aber irgendwo ist der Punkt erreicht, wo man sich um seiner selbst willen verweigern muß. Dann gilt es, Farbe zu bekennen, sich treu zu bleiben, koste es, was es wolle.

Der Löwenzahn fragt im Ockerschlamm nicht mehr, ob er in diese Landschaft paßt. Wenn es um die nackte Existenz geht, kann man nur noch aufgeben oder durchhalten und seine Farbe hochhalten. Ich muß ihn einfach bewundern, wie er das tut. Für mich ist er ein Held.

Der Löwenzahn ist eine gewissenhafte Pflanze, die nicht nur Blätter treibt und Blüten. Während sie dies vor aller Augen tut, senkt sie nämlich in der Stille auch eine Pfahlwurzel in den Boden.
Darum reicht es dem Gärtner, der im Löwenzahn ein Unkraut sieht, nicht, einfach seine Blattrosette auszureißen, weil das Herz der Pflanze in der Tiefe liegt. Er bekommt es nicht zu fassen. Der Löwenzahn kann den Schaden aber von dorther ausheilen und wieder nachwachsen.
Wie mächtig muß doch seine Lebenskraft sein, wenn der Gärtner allein seinetwegen ein besonderes Gerät entwickelt hat, um ihn auf seinem Land bekämpfen zu können!
Doch wer ihm nachstellt, ihn damit aussticht, muß auch sehen, wie es aus seinen Adern blutet.
Seit ich Löwenzahn liebe, ist er für mich kein Unkraut mehr. Auch wenn er sich nicht überall in meinem Garten ausbreiten darf.

Das Schloß ist eingerostet. Niemand mehr öffnet die Haustür. Keiner geht dort mehr über die Treppe.
Warum steht das Haus leer? Wo sind seine Bewohner geblieben? Verzogen an einen anderen Ort, der ihnen besser gefiel? War ihnen das Angestammte nicht mehr gut genug? Oder mußten sie gehen? Hatten sie wirklich keine andere Wahl?
Dem Löwenzahn ist jede Ecke recht. Er zieht auch ein, wo es anderen nicht mehr gefällt. Er nimmt Besitz von der Leere und füllt das Tote mit seinem Leben.

Der Schulhof des Ortes war zweckmäßig angelegt. Die Handwerker hatten sorgfältig Stein um Stein ineinander gefügt, denn die Schüler sollten hier ihren Auslauf haben. Sie sollten ungehemmt rennen und spielen können. Nach den Pausen würden sie dann mit sauberen Schuhen wieder in ihre Klassenzimmer zurückkehren.
Wie eine Pflanze ausgerechnet dort leben will, wo lückenlose Verwaltung herrscht, wo wir Menschen alles mit einem monotonen Raster überziehen und unsere künstliche Welt bauen?
Daß du, Löwenzahn, hier zu sein wagst, ist mehr als nur Mut: Du pfeifst auf Menschenordnung, die ihre Kinder in Reih und Glied ausrichtet. Du demonstrierst gegen ein Regiment, das auf Glockenzeichen und im 45-Minuten-Takt lernen läßt und dazwischen fünf Minuten lang die Freiheit eines Pausenhofs gewährt.

Der Löwenzahn hat sogar die Römerherrschaft überlebt.
Er wußte sich ihrer Ordnung anzupassen und ihren Schritten zu entziehen. Seine Blätter legte er in die Vertiefungen im Katzenkopfpflaster. Sollten Wagenräder doch darüber donnern! Mit der Blüte aber wagte sich der Löwenzahn ein wenig weiter hinaus. Auch wenn ihn die Schuhe der Legionäre niederträten, würde er nur weichen, um sich schnell wieder aufzurichten.
Anpassung und Widerstand zugleich, von keinem zu viel, von keinem zu wenig. Da gilt es, Maß zu halten, will man wie er ein Weltreich überdauern.

Löwenzahn wächst, wo ein Mensch beerdigt wurde.
Darf er denn das, ist dies nicht ungehörig?
Die Hinterbliebenen haben den Namen des Verstorbenen in Stein hauen lassen. Sie haben sogar Blumen aufgestellt, die nicht welken können: Ihre Trauer sollte über den Tod hinaus Bestand haben. Doch wie sollen künstliche Blumen, wie soll etwas Totes auf Leben hinweisen können? Ist das nicht ein Widerspruch in sich selbst? Ist das nicht Kitsch, der uns verrät? Zeigt er nicht, daß wir mit solchen künstlichen, falschen Gebilden die Wirklichkeit des Todes zu überdecken versuchen?
Löwenzahn deckt solche Täuschung auf. Indem er sich in die Mumienwelt des Friedhofs einschleicht und seinen Grabesfrieden stört, protestiert er im Namen des Lebens.
Mir ist er die schönste Blume auf dem ganzen Grab. Mir auch!

Du stellst mir Fragen

Aus einer gemeinsamen Mitte heraus wachsen die Blätter meines Löwenzahns und strecken sich in ihre kleine Welt. Sie suchen Licht für das Leben ihrer Pflanze.
Bei aller Verschiedenheit der Blätter bekommt doch jedes einzelne, was es braucht, für sich und wunderbarerweise gleichzeitig auch fürs Ganze, für die Mutterpflanze.
Wer ist in einer Familie wichtiger? Die Mutter, der Vater, eines der Kinder? Manchmal versuchen Vater oder Mutter tatsächlich, den Rest der Familie zu beherrschen. Würde es gelingen, wäre dies schnell das Ende der Gemeinschaft.
Die Blätter des Löwenzahns machen sich den Platz an der Sonne nicht gegenseitig streitig. Ein jedes bekommt, was es braucht, und ein jedes trägt, was es kann, zum Überleben bei, zum Blühen und Fruchten. Denn jedes Blatt ist dem Herzen der Pflanze gleich nahe. Da hat es der Löwenzahn leicht! Wir Menschen müssen erst finden, was uns verbindet, wo unsere gemeinsame Mitte ist, nicht nur ein für allemal, sondern immer wieder, ein Leben lang.

Zögernd nur lösen sich die Samen aus der Kugel, in der sie zusammenstanden. Es gibt kein Zurück mehr für sie in den Zusammenhalt des Fruchtkorbes. Ihr Schicksal ist ungewiß, niemand weiß, wohin sie verschlagen werden.
Auch ich zögere, wenn ich aus meinem Bereich weggehen soll, den ich mir wohnlich eingerichtet habe. Ich habe Hemmungen, mich neu auf eine fremde Umgebung einzulassen.
Kinder, die gehen lernen, kehren zuerst immer wieder zu den Eltern zurück, bis ihre Fähigkeit wächst, bis die Strecken, die sie zurücklegen können, größer werden und ihr Freiraum sich weitet.
Darum ist es eine große Sache, wenn sie zum ersten Mal allein eine Bahnfahrt unternehmen sollen.
Doch auch wir Erwachsenen müssen allen Mut zusammennehmen, wenn wir eine andere Arbeitsstelle antreten oder eine neue Aufgabe bekommen. Wie werden wir damit wohl fertig werden? Werden wir von einer kritischen Umgebung anerkannt werden? Wir haben Lampenfieber.
Der Löwenzahn muß aus sich herausgehen, um sich selbst zu finden. Gleichgültig, wie die Chancen für eine glückliche Landung stehen, er wird den Start wagen.

Meinen Löwenzahn hat es erwischt!
Ein Kuhfladen hatte ihn völlig unter sich begraben. Was noch um ihn herum gediehen war, erstickte. Es wurde von dem scharfen Zeug verbrannt.
Nicht alles, was uns niedergeschlagen macht, ist schlimm. Erfüllen wir aber Erwartungen nicht, die andere in uns setzen, kann uns das ganz schön mitnehmen. Und dann kommen auch Situationen auf uns zu, aus denen wir nicht mehr heil zu entkommen meinen, wo wir unterliegen und fürchten, wir könnten es nicht überstehen.
Wird unser Löwenzahn denn durchkommen?
Tatsächlich, er durchbricht den Unrat, schiebt zur Seite, was ihn verschmutzt, macht sich Luft und richtet sich wieder auf. Genau dort, wo er getroffen wurde, hält er aus, steht wieder auf und zieht auch noch Nutzen aus der Niederlage, indem er saftiger wächst, als er es vorher vermochte. – Ich weiß nicht, was ich darüber denken soll!

Mitten in der Blattrosette liegt eine Knospe. Sie ist noch gar nicht in die Höhe gewachsen und schon zum Bersten geschwollen. Ihre Spannung wächst fast ins Unerträgliche. Wann endlich wird sie platzen? Wann endlich ist es soweit, denkt die werdende Mutter und vergißt schließlich ihre ganze Bangigkeit, nur um endlich alles hinter sich gebracht zu haben.

Wann endlich ist das Warten vorbei, fragt kindliche Vorfreude am Heiligen Abend und vermag kaum mehr die Erwartung zu zügeln. „Ich kann mich nicht mehr länger beherrschen, das laß ich mir nicht bieten“, stößt einer, der sich geärgert fühlt, vor Wut heraus und möchte sich auf seinen Gegner stürzen.

Wann beim Löwenzahn der Knoten platzt, die Spannung sich lösen darf, bestimmt eine innere Uhr. Die Blüte wartet auf ihre Zeit. Warten können ist entscheidend: Es bringt an den Tag, ob eine gute Anlage nur verpufft oder zu etwas Vollkommenem gerät.

Jetzt! Jetzt endlich reißt die Knospe auf.
Die Sonne steht über den Hügeln im Osten. Ihre Strahlen beginnen die Erde zu erwärmen, da lösen sich die ersten Kelchblätter voneinander, und schon schießt das Blütenfeuer der Knospe hervor. Der lang ersehnte Augenblick ist gekommen.
Vielleicht hast du ein Geschenk bekommen. Noch hast du die Schnüre nicht gelöst, die Verpackung nicht geöffnet, aber die Freude hat schon gezündet. Während deine Hände sich noch geschäftig regen, steigt sie in dir auf und macht den Tag licht.
Oder du hast die bange Frage der Liebenden gewagt. Noch wurde keine Antwort gegeben, und du schwebst zwischen Bangen und Hoffen. Da siehst du, wie zwei Augen dir gegenüber groß werden, wie in ihnen Freude aufglänzt und wirst froh.
Auch der Löwenzahn kann uns, wenn wir am Morgen der Ouvertüre einer seiner Blüten beiwohnen, auf das Fest, auf die Größe eines Augenblicks hinweisen.

Aus dem Wegschotter wagen sich ein paar kümmerliche Blätter. Sie sind tief eingerissen. Darin zeigt sich der Mangel, den die Pflanze in ihrem steinigen Grund leidet. Dennoch hat der Löwenzahn seine ganze Kraft zusammengenommen, einen überlangen Stengel getrieben und eine Blüte, deren Reichtum überrascht. Er hat nicht an ihr gespart, hat in sie alles, wenn nicht gar zu viel investiert. Für die Schönheit und Vollkommenheit seiner Blüte riskiert er Kopf und Kragen. Ob sich die Mühe lohnt? Noch können wir nur mit der Pflanze bangen, ob das wohl gut ausgehen wird. Schließlich sind ihre Blattspitzen schon einmal abgefahren worden. Doch wer könnte sich einen Löwenzahn denken, der es dabei beließe, üppige, sattgrüne Blätter zu treiben und darüber das Blühen vergäße?

Hören wir nicht in unseren Tagen junge Leute sagen, es könne nicht gut sein, Kinder in eine Welt zu setzen, die auf den Abgrund zurolle? Ein anderes Mal treffen wir Eltern, die sich alle Mühe geben, daß es ihre Kinder vielleicht besser haben als sie, auch wenn sie selbst dabei darben.

Wer macht es nun besser, wer hat denn nun recht, diese oder jene? Unter uns Menschen läßt sich das nicht ein für allemal und für alle gleich beantworten. Jeder muß für sich selbst eine Entscheidung finden, auch dann, wenn sie viele andere mitbetreffen würde. Wir haben es da wirklich schwer. Wir sind keine Pflanzen wie der Löwenzahn. Er weiß, was er zu tun hat: Er muß blühen.

Du machst mir Mut

Schlimme Tage liegen hinter unserem Löwenzahn. Ein Unwetter hat ihn niedergehauen, den festen Boden in Sumpf verwandelt und ihn in einer Pfütze zurückgelassen.
Dann kam stechende Sonne. Sie trocknete alles Wasser weg und riß den Boden auf. Die Pflanze aber überlebte beide Katastrophen. Sie trieb neue Blätter und Blüten und wuchs üppiger als vorher.
Wie werden wir mit Mangel und Überfluß fertig?
Manche meinen, man dürfe keines der beiden Extreme hart an sich herankommen lassen. Wer sich im Überfluß enthalte, bleibe auch im Mangel gelassen und finde so zu seiner Mitte. Dennoch peinigt uns Schmerz, und Freude macht uns glücklich. Können wir wirklich den Wechselfällen des Lebens entfliehen?
Der Löwenzahn jedenfalls nimmt sie an. Sieh nur, wie er seine Blätter in das von Rissen durchzogene Feld streckt. So kann sich unter ihnen Feuchtigkeit halten. Was eben noch Zeichen des Todes trägt, nimmt das Leben wieder in seinen Besitz.

Kaum ist der Fruchtstand eines Löwenzahns zur Vollkommenheit gerundet, bricht Wind ihn auf. Noch ehe alle seine Schirmchen fortgeweht sind, rüstet die Pflanze schon eine neue Laterne. Solche Vergänglichkeit des Schönen beunruhigt, denn wir wollen unsere Werke nicht gleich wieder vergehen sehen. Wir wollen uns an ihnen freuen und ihretwegen bewundert und anerkannt werden. Wenn wir ein Ziel erreicht haben, wollen wir zur Ruhe kommen dürfen.
Doch wie steht es mit der Arbeit einer Hausfrau? Ist sie jemals mit Kochen und Putzen endgültig fertig? Was sie schön hergerichtet hat, ist schon im nächsten Augenblick vorbei. Wer würdigt oder bezahlt sie gar?
Hier unterscheiden sich Mensch und Löwenzahn. Er muß möglichst oft und viel Frucht bringen. Vergeblichkeit peinigt eine Pflanze nicht, wohl aber den Menschen. Wie kann er dennoch unverdrossen von vorn anfangen?
Wohl ihm, solange ihn Liebe tröstet oder ihm sein Glaube Kraft gibt.

Den Löwenzahn hatte ein Schlag verwundet. Die Mittelader eines Blattes war getroffen. Jetzt verfärbte es sich an seinem Ende, und es war abzusehen, wann seine Spitze absterben würde. Der Bodenteil des Blattes aber lebte weiter. Er blieb grün.

Auch bei uns kann ein Lebensweg jäh unterbrochen werden. Wir wollen dann gar nicht fassen, daß es nicht mehr wie gewohnt weitergehen soll. Die bittere Wirklichkeit läßt manchen fast verzweifeln, wenn sie nicht lehrt, mit den neuen Umständen einverstanden zu sein und neue Grenzen anzuerkennen. Wem nicht mehr alle Möglichkeiten offenstehen, dem werden vielleicht die verbliebenen Fähigkeiten erst bewußt, und er entdeckt gar an sich neue hinzu. Er wird wach für die Vielfalt geschenkten Lebens. Wie Blinde feiner fühlen und schärfer hören lernen, so braucht uns eine Verletzung nicht nur Beeinträchtigung unseres Spielraumes zu sein, sie kann uns auch reicher machen, wo wir es am wenigsten erwartet hätten. In dem beschädigten Blatt geht das Leben weiter, erst recht im Menschen, dessen Möglichkeiten beschnitten sind.

An den Schirmchen lag es nicht, daß aus der Reise nichts wurde. Bevor sie fortfliegen konnten, hatte Tau sie schwer gemacht. Jetzt mußten sie bleiben, bis sie wieder trocknen würden.
Was mag in einem der vielen arbeitslosen Jugendlichen vor sich gehen, die warten müssen? Die Schule ist abgeschlossen, das Zeugnis nicht schlecht. Dennoch will sich kein Arbeitsplatz finden lassen, weil plötzlich die Verhältnisse anders geworden sind. Da steht er im Warteraum unserer Gesellschaft, und die Türen sind zu. Muß er nicht letztlich glauben, es liege doch an ihm? Jetzt ist es wichtig, daß wir übrigen Mitglieder dieser Gesellschaft ihn auf seiner Suche begleiten, selbst dann, wenn wir zunächst viele aussichtslose Wege zu gehen hätten.
Werden wir darin nicht müde, wird auch seine Zeit kommen wie die Stunde der Schirmchen.
Schwer lastet Tau auf ihnen, und doch muß er sich einmal auflösen.

Des Löwenzahns Arbeit ist getan, es ist Feierabend. Die letzten Früchte sind im Gehen. Bald wird der Stengel mit leeren Hüllblättern dastehen. Sein Stern aber wird noch eine Weile in den Abend hinein leuchten.
Wessen ganzes Leben nur Arbeit war, der fragt am Ende beunruhigt, was nach all der Mühe bleibt. Wer seines Glückes Schmied war, fürchtet sich plötzlich vor dem Alter, denn er wird, kraftlos geworden, nichts mehr zu seinem Glück tun können, und was er angesammelt hat, wird er nicht behalten.
Dennoch gibt es alte Leute, vor denen wir unwillkürlich das Haupt neigen, Menschen, denen Güte und Gelassenheit ins Gesicht geschrieben steht. Ihre Augen leuchten immer noch, auch wenn tiefe Furchen über ihre Stirn ziehen, und die Wangen eingefallen sind. Ein altes Gesicht kann schön sein, voll durchscheinender Liebe, ein Stern, der aufgeht und zu leuchten beginnt, wenn die Nacht kommt.

Du warst ein lieber Weggenosse, Löwenzahn. Jetzt bist du mir voraus auf die Reise gegangen. Unnützes ließest du zurück. Wo bist du hin? Ist der Boden gut für deine ersten Würzelchen? Findest du Licht und Feuchtigkeit, zu werden, der du sein könntest? Wußtest du denn dein Ziel? Aber da hängt ja ein zweites Schirmchen, eines das seinen Samen bei sich trägt, bei dem noch nichts entschieden ist.
Ich bin wie du unterwegs und möchte meinen Ort finden. Ich will leben. Noch weiß ich nicht, was in mir steckt. Ich suche eine Aufgabe, in der ich ganz aufgehen kann. Immer wieder bleibe ich stehen, träume von großen Zielen oder fürchte mich vor Gespött. Ich hänge zwischen Himmel und Erde in einem fremden Netz von Beziehungen. Du machst mir Mut, mich auf all die Möglichkeiten einzulassen, die mir das Leben bietet, auch wenn ich nicht mein eigener Herr bin. Dir aber wünsche ich Gedeihen und viele neue herrlich goldene Blüten und silberne Sonnen.

% Ich denke, du bist einverstanden damit!